GERENCIAMENTO
DE TEMPO

10 passos simples para aumentar a produtividade

(dê uma guinada na sua produtividade com esta simples e comprovadas dicas!)

Caleb Chan

Traduzido por Daniel Heath

Caleb Chan

Gerenciamento de tempo: 10 passos simples para aumentar a produtividade (dê uma guinada na sua produtividade com esta simples e comprovadas dicas!)

ISBN 978-1-989853-01-6

Termos e Condições

De modo nenhum é permitido reproduzir, duplicar ou até mesmo transmitir qualquer parte deste documento em meios eletrônicos ou impressos. A gravação desta publicação é estritamente proibida e qualquer armazenamento deste documento não é permitido, a menos que haja permissão por escrito do editor. Todos os direitos são reservados.

As informações fornecidas neste documento são declaradas verdadeiras e consistentes, na medida em que qualquer responsabilidade, em termos de desatenção ou de outra forma, por qualquer uso ou abuso de quaisquer políticas, processos ou instruções contidas, é de responsabilidade exclusiva e pessoal do leitor destinatário. Sob nenhuma circunstância qualquer, responsabilidade legal ou culpa será imposta ao editor por qualquer reparação, dano ou perda monetária devida às informações aqui contidas, direta ou indiretamente. Os respectivos autores são proprietários de todos os direitos autorais não detidos pelo editor.

Aviso Legal:

Este livro é protegido por direitos autorais. Ele é designado exclusivamente para uso pessoal. Você não pode alterar, distribuir, vender, usar, citar ou parafrasear qualquer parte ou o conteúdo deste ebook sem o consentimento do autor ou proprietário dos direitos autorais. Ações legais poderão ser tomadas caso isso seja violado.

Termos de Responsabilidade:

Observe também que as informações contidas neste documento são apenas para fins educacionais e de entretenimento. Todo esforço foi feito para fornecer informações completas precisas, atualizadas e confiáveis. Nenhuma garantia de qualquer tipo é expressa ou mesmo implícita. Os leitores reconhecem que o autor não está envolvido na prestação de aconselhamento jurídico, financeiro, médico ou profissional.

Ao ler este documento, o leitor concorda que sob nenhuma circunstância somos responsáveis por quaisquer perdas, diretas ou indiretas, que venham a ocorrer como resultado do uso de informações contidas neste documento, incluindo, mas não limitado a, erros, omissões, ou imprecisões.

Índice

parte 1 1

Introdução 2

Capítulo 1: 5

O Que É A Gestão De Tempo? 5

Capítulo 2: 10

Como Gerir O Seu Tempo 10

Capítulo 3: 16

Porque É Que As Pessoas Se Debatem Com A Gestão De Tempo? 16

Capítulo 4: 25

Capacidades De Gestão De Tempo Necessárias Para Melhorar A Concentração 25

Capítulo 5: 31

Ser Mais Eficaz No Trabalho Com A Gestão De Tempo 31

Capítulo 6: 37

Gestão De Tempo Eficaz Para Maior Produtividade 37

Capítulo 7: 43

Equilibrar As Suas Prioridades 43

Conclusão 51

Parte 2 54

Introdução 55

Capítulo 1: Tudo Sobre Gestão Do Tempo! 58

O QUE É GESTÃO DO TEMPO 58
POR QUE GERENCIAR O TEMPO? 59
EVITANDO A PROCRASTINAÇÃO 61

DAQUELES QUE CONSEGUIRAM! 63

Capítulo2: Fundamentos Da Gestão Do Tempo 66

DEFININDO METAS 67
DIVISÃO DE TAREFAS 68
TÉCNICAS IMPORTANTES DE GESTÃO DO TEMPO 70
Grade De Urgência/Importância 70
Análise De Pareto 72
Planejamento Reverso 76
CONCLUINDO ESTE CAPÍTULO... 80

Capítulo 3: Usando A Tecnologia Para Gerenciar O Tempo 81

PLANEJAMENTO E ORGANIZAÇÃO 81
LISTAS DE TAREFAS 82
CALENDÁRIOS 83
GERENCIAMENTO DE E-MAIL 85
MONITORANDO 85
CONCLUINDO ESTE CAPÍTULO... 86

Capítulo 4: "Alguns Conselhos Finais!" 88

SIGA UMA ROTINA DIÁRIA! 88
A CURA PARA A PROCRASTINAÇÃO ESTÁ EM SER ATIVO! 88
ELIMINE OS DESPERDÍCIOS DE TEMPO 89
ACORDE CEDO! 90
FOCO! 91
BOX YOUR TIME! CRIE JANELAS DE TEMPO 91
APRENDA A DIZER NÃO! 92
MANTENHA-SE SAUDÁVEL! 93
MANTENHA A LIMPEZA! 94
AME SEU TRABALHO! 94

Confira Meu Outro Livro Desta Série: 95

Citações 96

Conclusão 98

Parte 1

Introdução

O próprio tempo não pode ser gerido já que está em constante movimento independentemente do que fazemos. O truque é gerirmos as coisas que fazemos para tirarmos proveito do tempo que temos. Tudo o que deve fazer para melhorar sua gestão tempo deve ter apenas uma meta, e essa meta é gerir a sua concentração.

Quanto mais concentrado estiver no que está a fazer, mais produtivo será e menos desgastante será a tarefa. Um aumento da concentração pode ser obtido diminuindo as distrações e interrupções que o distraem do que quer que seja que está a fazer.

Lembre-se que as mudanças mais pequenas geralmente trazem as maiores diferenças na gestão de tempo. Ser capaz de estar mais concentrado, desligar o alerta para novas mensagens no seu telemóvel ou computador. Os alertas de nova mensagem são os piores perturbadores do trabalho.

Sempre que vê o alerta piscar ou ouvir o seu som, é interrompido do que quer que seja que estava a pensar e distrai-o do trabalho em mãos. Até pode concluir que tais alertas só demorarão quatro segundos a serem tratados.

Mas considere que, se tiver cem desses alertas num dia, isso já seria igual a quatrocentos segundos, que é igual a seis minutos e meio de não produtividade. Se calcular para os 220 dias de trabalho num ano, são mais de 24 horas de inatividade.

Para ser capaz de fazer mais, deve apenas fazer uma tarefa de cada vez. As pessoas não controlam as multitarefas assim tão bem, apesar do que outros possam dizer. Pense no tempo em que conversava com alguém enquanto escrevia alguma coisa. Não foi capaz de fazer ambas com eficácia, certo?

Isto é porque o cérebro precisa de um momento para alternar entre atividades. Para evitar tal ineficácia, concentre-se numa tarefa antes de partir para outras.

Continue a ler para mais detalhes sobre gestão de tempo e formas de ter produtividade eficaz na sua vida.

Vamos a isso!

Capítulo 1:
O que é a Gestão de Tempo?

A gestão de tempo é a capacidade de utilizar o tempo eficazmente ou produtivamente, especialmente no trabalho. E se pudesse gerir o seu tempo eficazmente de forma a conseguir fazer todas as suas atividades, incluindo o trabalho e todas as coisas que considera importantes?
Eu diria, baseada nessa definição, que é uma fórmula vencedora. Estou prestes a ensiná-lo a melhor dica de gestão de tempo e o melhor é que só necessita de fazer este processo uma vez para retirar repetidamente utilidade dele.

Processo de Gestão de Tempo
Vai precisar para isto de um cronómetro, duas folhas de papel e o seu cérebro. Apenas digite cronómetro no Google e encontrará um.

Passo 1: Defina o cronómetro para os 10 minuto e divida a primeira folha a meio com uma linha vertical. De um lado é a coluna A, do outro a coluna B.

Passo 2: Considere todas as coisas que têm estado na sua mente, que não o deixam dormir, e que eventualmente o fizeram procurar por algumas dicas sobre gestão de tempo. Agora com o propósito de anotar tudo o que puder sem rasurar, inicie o cronómetro e escreva tudo o que se lembrar na coluna A. Tudo pode ser anotado, desde a vida pessoal ao trabalho. Se está na sua mente, escreva no papel.

Passo 3: De seguida, coloque 5 minutos no cronómetro e risque tudo pelo qual não pode fazer nada. Isto inclui coisas como querer uma certa reação de alguém, tentar prevenir ou responder a um acontecimento, etc. Saberá estas coisas. É chave para a gestão de tempo que não perca o seu tempo em coisas sob as quais não tem controlo.

Passo 4: Vamos voltar a colocar 5 minutos no cronómetro. Desta vez vamos riscar tudo o que detestam, não aprecia, ou tem andado a dizer que faria há meses ou anos. Risque essas coisas e coloque-as na coluna B.

Passo 5: Com 3 minutos desta vez, risque tudo da coluna B que tem andado a adiar e tem dito que faria há algum tempo. É importante na gestão de tempo saber o que é importante.
Estas coisas não são importantes e apesar de eventualmente terem um lugar na sua vida, não têm lugar na sua gestão de tempo diária.

Passo 6: Vamos voltar a colocar 3 minutos aqui. Pegue na nova folha de papel e prepare-a da mesma forma. Pegue em tudo o que não está rasurado e coloque na mesma lista. Sei que parece de loucos, mas irá ver como isto funciona na sua gestão de tempo.
Nota: A coluna A tem agora as suas coisas mais importantes a serem feitas e a B são as coisas que quer delegar.

Passo 7: Vire a folha ao contrário e aponte as suas 5 grandes prioridades na vida. Pode ser saúde, espiritualidade, desenvolvimento pessoal, trabalho, relações, criatividade, paixões, etc.
Pode ter de pensar sobre isto durante um tempo. Não há problema se o fizer, aqui não há limite. Isto é fundamental para a sua gestão de tempo por isso seja ponderado e coloque-as por ordem de importância.

Passo 8: Por fim vamos fazer um horário baseado nestas prioridades. O seu dia não tem de se dedicar à prioridade n.º 1 em primeiro lugar, mas é uma boa linha orientadora perceber quando deve fazer tudo. No meu horário segue a 1ª e a 2ª por ordem, mas depois salta para a 5ª porque faz o meu dia fluir. Coloque tudo em períodos de tempo.
Por exemplo, das 8 da manhã às 10 da manhã está a fazer algo. Encha o seu dia. A sua gestão de tempo irá ser coroada ao colocar o seu horário no calendário

Google. Se tem um telemóvel, então use também isto nele.

O objetivo das listas é simples. Só porque sabe qual o assunto em que tem de se concentrar não significa que esteja a gerir o seu tempo bem baseado no que necessita fazer nesse dia.

Normalmente a sua coluna A adequa-se a uma das suas 5 prioridades e como disse anteriormente, vai querer tentar delegar as coisas que não quer fazer. Se não for possível, crie um intervalo de tempo extra no seu dia em sexto lugar denominado extra e arranje tempo para começar a trabalhar nessas coisas.

Capítulo 2:
Como Gerir o seu Tempo

Quando as pessoas têm problemas com a gestão de tempo e de como gerir o seu tempo uma das coisas que pode ajudar a enfrentar o dia é aprender a dizer "Não". Dizer "não" nem sempre significa que não será feito. Pode significar que a tarefa não será feita naquele momento. Dizer "não" pode significar falar primeiro com um gerente ou colega de trabalho.

Ou pode querer significar que todos concordam que essa tarefa em particular afinal não necessita de ser feita. À medida que o dia passa, acontece muitas vezes as coisas que eram importantes ao início do dia tornarem-se menos importantes ao meio-dia ou a meio da tarde.

A ideia de gestão de tempo ou como gerir o seu tempo também significa que uma pessoa não tem de fazer tudo. A pessoa pode fazer parte de uma equipa. A pessoa pode ser um membro da família. Podem ser o chefe da família.

Ou pode ser o chefe de um departamento com um prazo para cumprir. O que importa é que existem outras pessoas à volta que podem ajudar a cumprir as coisas.

Muitas vezes pensamos que a forma mais rápida e mais fácil de alcançar algo não é falar com outra pessoa para ajudar a completar a tarefa. Muitas vezes dizemos "Eu faço sozinho" e acreditamos mesmo que conseguimos fazê-lo quando o dizemos.

Sem sabermos, devemos dizê-lo 4, 8, 10 vezes por semana. Provavelmente nunca ligamos a nossa vontade do "fazer sozinho" às dores de cabeça, tensão e insónias que talvez estaremos a sentir.

Parte do fazer tudo inclui arranjar ajuda de todos os recursos que temos. Os recursos incluem colegas de trabalho, amigos, irmãos, membros da família (incluindo crianças e jovens), e qualquer outra pessoa que possa beneficiar com a tarefa ser concluída.

Partilhar o tempo que leva a realizar uma tarefa dá mais tempo a toda a gente para

fazerem coisas que querem realmente fazer, ao invés de ficarmos consumidos com todas as coisas que temos para fazer.
Por vezes, pode sentir que o tempo voa rapidamente, mas noutras vezes sente que o tempo se arrasta, aquele minuto parece que dura para sempre. O último é verdade se está a tentar matar o tempo. Se tem o hábito de matar o seu tempo e nunca tem tempo que chegue, deve parar de o fazer,

Deve aplicar as estratégias para maximizar o seu tempo e assim será produtivo. Experimente as seguintes técnicas que pode utilizar rapidamente:

Técnica 1
Verifique sempre o seu horário quando acorda.
No início do seu dia, reveja completamente o seu horário. Poderá notar que algum do seu dia estará ocupado, e algum estará livre. Tente distribuir as suas atividades uniformemente e sensatamente ao longo do dia.

Depois disso, tenha blocos de apontamentos que possa levar para onde quiser. Irá ajudá-lo a lembrar-se das suas tarefas e responsabilidades, assim como evitar sobrepor atividades. Se mesmo assim encontrar sobreposições, tente dar prioridade às suas tarefas.

Se fez um horário, mas ainda sente que há demasiadas tarefas, precisa de prescindir de algumas. Tente reorganizar e alterar o seu horário.

Técnica 2

Quando pedir para remarcar, faça-o antecipadamente

Deve pedir remarcações antecipadamente, especialmente se outras pessoas irão ser afetadas pelas suas mudanças. Sendo assim, deve mostrar boas maneiras fazendo-o antecipadamente, para que tenham tempo para se ajustarem com a nova marcação. Pedir para remarcar antecipadamente irá ajudar outros, especialmente se também estão ocupados ou têm alguns dos seus problemas.

Técnica 3

Seja criativo
Pode ser criativo quando está a lidar com a gestão de tempo. Por exemplo, quando está a lavar a roupa, programe a sua máquina de lavar para o fazer se tem outras coisas para fazer, tais como sair e ir às compras.

Também pode usar outra tecnologia para fazer isto, tal como usar uma panela de pressão quando precisa de cozinhar e fazer outra coisa ao mesmo tempo. O importante aqui é combinar várias tarefas numa. Contudo, qualquer criatividade serve.

Técnica 4
Não há problema em cometer erros

Quando está a executar tarefas pela primeira vez, é normal cometer erros. Se tem algumas dificuldades em fazer as suas atividades iniciais, não pense que isso irá estragar o seu dia. Se não faz ideia de como deveriam ser feitas as coisas, tire um tempo para planear antes de entrar em ação. Isto irá poupar-lhe tempo, energia e dinheiro.

Técnica 5
Visualizar

Visualize os resultados dos seus planos. Sinta que os seus planos correram bem. Também pode tentar encontrar algumas alternativas ao fazer as suas tarefas enquanto visualiza. Escolha a melhor de duas ou mais alternativas.
Se não tem quaisquer alternativas, faça-o na mesma. Algumas tarefas podem parecer difíceis quando pensa nelas, mas não o são quando as coloca em ação, ou vice-versa.

Capítulo 3:
Porque é que as Pessoas se Debatem com a Gestão de Tempo?

A gestão de tempo não é apenas acerca de planear o seu dia e tentar seguir o seu plano. Sem o conhecimento e a capacidade da verdadeira gestão de tempo, praticamente toda a gente se debate em ficar concentrado.

Porque é que isto acontece?
Porque quando alguém quer melhorar a gerir o seu tempo, marcam um curso de um dia de gestão de tempo que os ensina a estabelecer os seus objetivos, planear as suas atividades com vista a alcança-las, como planear a sua semana e depois como planear o seu dia.
As pessoas abandonam este curso todas entusiasmadas, com todo este novo conhecimento e plano de gestão de tempo, chegam ao trabalho no dia seguinte prontas a implementar o seu plano e descobrem no fim do dia, que se

esforçaram para alcançar alguma coisa no seu plano.
Isto continua a acontecer toda a semana e no final da segunda semana, o plano e o curso são apenas uma memória e estão de volta aos velhos hábitos.

Porque é que isto acontece?
Porque: 1. a gestão de tempo não se aprende num dia. 2. São os seus padrões de pensamento e hábitos que necessitam de uma mudança e muito poucos cursos de gestão de tempo se focam neste lado da gestão de tempo.

Existem duas fases no treino da gestão de tempo;
1. Conhecimento e processo de desenvolvimento.
2. A contínua consolidação do conhecimento e processo de formação de capacidades e hábitos.

Estas duas fases são compostas de 4 componentes fundamentais.
1. Planeamento

2. Gestão de Tempo
3. Disciplina
4. Capacidades de Gestão de Pessoas

1. *Planeamento*
A gestão de tempo é impossível se não tem um plano. O plano determina quais atividades são importantes para si e portanto têm de ser feitas em primeiro lugar para alcançar os seus objetivos no trabalho e na vida. Com um plano, sabe onde utilizar melhor o seu tempo.

Passos para construir o seu plano
a. Porquê – O processo de planeamento é sobre compreender o porquê de fazer o que faz. Compreender o Porquê é bastante importante para ajudá-lo a fazer e alcançar o que é verdadeiramente importante para si e para o manter focado durante as horas difíceis.
b. Visão – A visão é a imagem que tem na sua cabeça sobre o que quer alcançar. Passe-a para o papel, ajuda a clarificar e solidificar o que quer alcançar.

c. Objetivos/Metas – Os seus objetivos principais surgem da sua visão, são os alvos que procura para alcançar a sua visão. Pode estabelecer os seus objetivos em períodos de 1, 3, 5, 10, 20 anos, contudo, se isso lhe parecer irrealista, estabeleça alguns objetivos para os próximos 12 meses e concentre-se em construir um plano para os alcançar.

d. Plano de Ação Trimestral – Este é o ponto onde o planeamento começa a tornar-se gestão de tempo. Num plano de ação trimestral, você cria um plano para os próximos 3 meses. Neste plano estabelece objetivos para o trimestre e para cada mês do trimestre. Depois estabelece as atividades que tenciona fazer em cada semana do mês para alcançar esses objetivos.

2. *Gestão de Tempo*
Gestão de Tempo é sobre definir os seus planos semanalmente e diariamente, determinando em que dia e a que horas as atividades serão efetuadas.

a. Planeamento Semanal – Utilizando o seu plano de ação trimestral e sistema diário, planeie em que dia as atividades do plano de ação terão de ser concluídas. Também planeia os seus compromissos, familiares, sociais e qualquer outra atividade que pretenda efetuar nessa semana.

b. Planeamento Diário – é sobre programar as suas atividades para o dia, criando uma lista de tarefas a que dá prioridade e depois seguir essas prioridades aconteça o que acontecer.

A forma como dá prioridade a esta lista é muito importante, a forma como a maioria dos cursos o ensina a dar prioridade é errada e resulta em apenas as tarefas focadas hoje serem concluídas e objetivos não alcançados. O nosso método de priorizar tarefas a cada dia resulta nos nossos clientes a terem mais atividades importantes concluídas a tempo.

3. *Disciplina*

Sem disciplina, criar capacidades de gestão de tempo novas e melhores não irá acontecer. O processo tem de começar dentro de si.

a. Evite os Adiamentos – Há muitas desculpas para o porquê de adiarmos coisas, mas o simples facto é, de cada vez que evitamos fazer algo que é importante, estamos a destruir o nosso sucesso. Precisamos de aprender a controlar a forma como pensamos sobre várias atividades e concluí-las na por ordem de importância.

b. Distrações – A incapacidade para nos mantermos focados numa atividade importante durante uma quantidade de tempo pré-definida impede-nos de atingir o sucesso que queremos.

Permitir-mo-nos ser constantemente distraídos por uma série de coisas tais como e-mails, chamadas telefónicas, mensagens de texto, novas aplicações, nova tecnologia, redes sociais, coisas novas e brilhantes, etc., significa que demoraremos muito mais tempo a fazer as coisas.

Cada vez que é distraído de fazer algo importante, demora 10 a 20 minutos a voltar a ter a atenção que tinha antes de ser distraído. Precisa de criar uma metodologia sobre como permitir-se ser distraído por curtos períodos de tempo entre atividades importantes.

4. Capacidades de Gestão de Pessoas
Um dos maiores obstáculos para alcançar boas capacidades e hábitos de gestão de tempo, é a interrupção por parte de outras pessoas. Membros da equipa, clientes, fornecedores, família, etc. É importante que identifique o que o interrompe durante o seu dia e criar um plano de ação para eliminar essas interrupções.
Há muito a aprender sobre como gerir pessoas, contudo, de uma perspetiva de gestão de tempo, há algumas coisas fundamentais que precisa de aprender que irá ajudá-lo a recuperar horas do seu dia.
a. Aprenda a ensinar os seus funcionários a resolver os seus próprios problemas e a tomar as decisões que lhes paga para tomarem, em vez de virem ter consigo a toda a hora. Se é alguém que exige que os

seus funcionários vão ter consigo para tomar decisões e não as tomam eles mesmos, irá sempre debater-se com a gestão de tempo. Não é um bom estilo de gestão.

b. Aprenda a comunicar eficazmente com as pessoas. Todos temos um estilo comportamental primário e uma modalidade de aprendizagem primária. Quando aprender a comunicar com alguém baseado no estilo comportamental primário e modalidade de aprendizagem dele, a comunicação é significativamente mais eficaz poupando-lhe uma quantidade enorme de tempo.

Ganhar o conhecimento base para cada uma destas quatro áreas pode ser feito rapidamente, aliás construir um conhecimento minucioso e transformá-las em capacidades valiosas demora muito mais tempo.

A forma de implementar o desenvolvimento das suas capacidades de gestão de tempo, é incorporando nos seus objetivos e planeamento de atividades, as capacidades que acha que necessitam de desenvolvimento nas áreas da disciplina e das capacidades de gestão de pessoas.

Capítulo 4:
Capacidades de Gestão de Tempo Necessárias para Melhorar a Concentração

Encontrar e utilizar fortes capacidades de gestão de tempo ajuda as pessoas a concentrarem-se, é uma melhoria na motivação e resulta em alcance de objetivos.

As capacidades de gestão de tempo pessoais são essenciais para indivíduos que são eficazes nas suas vidas pessoais, de trabalho e de relacionamentos. Utilizar bem as capacidades de gestão de tempo permite a qualquer pessoa funcionar extraordinariamente, mesmo debaixo de intensa pressão.

Ao integrar a gestão de tempo com a concentração, a motivação e o estado de espírito, qualquer pessoa se pode tornar numa potência dentro de uma organização ou dentro das suas próprias famílias. Dominar estas capacidades ajuda uma pessoa a controlar o seu volume de trabalho e a dizer adeus ao nervosismo.

No centro de qualquer programa de gestão de tempo está uma importante mudança no seu próprio paradigma: deve concentrar-se em obter resultados e não em estar ocupado. Grande parte de nós passa os seus dias em atividade frenética e não atinge grande coisa porque estamos focados na atividade e não nos resultados.
A regra do 80/20 resume isto perfeitamente. Significa que 80% do esforço desconcentrado gera apenas 20% dos resultados totais. Isto significa que os restantes 80% dos resultados são alcançados com apenas 20% do esforço.
Esta razão não é sempre 80:20 mas o padrão geral mantém-se. Quando alguém aplica aptidões de gestão de tempo consegue otimizar o seu esforço, garantir a concentração e focar a energia de modo a colher grande recompensas das suas tarefas.
Isto também significa que pode ser necessário menos tempo e energia para atingir os resultados que já definiu como objetivo.

Aqui estão algumas técnicas simples e práticas que o irão ajudar a eliminar algumas perdas de tempo comuns e focar em alguma das mais importantes atividades a curto prazo.

Assim que compreender que se deve focar nos resultados e não na tarefa de estar ocupado, deve então dar prioridade aos seus resultados para perceber quais deve abordar primeiro. Estas prioridades podem ser no trabalho, relacionamentos, em casa e até na educação das crianças.

Estas são excelentes ferramentas para ajudar a perceber o que é mais importante na sua vida, mas, se for capaz de se concentrar o suficiente, deverá ser capaz de trazer à mente os objetivos mais importantes da sua relação com o seu cônjuge, cara metade ou crianças assim como os seus desejos no trabalho e para lazer.

Usando essa lista, deve então privilegiar quais resultados sob cada categoria é mais importante para si. Estes resultados são os resultados para os quais irá lutar. O seu próximo passo será também identificar as coisas que estão no seu caminho, confrontar as razões pelas quais adia. Algumas destas razões podem ser capacidades de gestão de tempo enquanto outras podem ser obstáculos psicológicos escondidos na sua personalidade. Dependendo da sua situação pessoal, pode dificuldades em dizer não, delegar responsabilidades a outros que estariam a tomar decisões de gestão de tempo por si.

A componente psicológica da gestão de tempo deve ser lidada de forma a você atingir resultados significativamente positivos na sua vontade de atingir os seus objetivos.

Após determinar porquê adia e qual a sua lista de prioridades, também deve querer descobrir como passa o seu tempo de momento. Isto pode ajudar a identificar alturas durante o seu dia em que as suas capacidades de gestão de tempo estão no seu mínimo ou tarefas que podem ser completamente eliminadas da sua lista diária.

Outra ajuda eficaz que pode ajudar nas suas capacidades de gestão de tempo são o criar uma simples lista de afazeres. Isto ajuda-o a identificar itens que devem ser cumpridos todos os dias e ajuda-o a ficar concentrado o resto do dia. Também pode criar uma lista que vá mais além no tempo e que tenha tarefas específicas relacionadas com cada objetivo.

As pessoas que se debatem com a gestão de tempo devem manter sempre agendas diárias e semanais. Desta forma podem anotar reuniões, aulas e compromissos por ordem cronológica o que cria um horário visual. Estes horários devem ser verificados na noite anterior e logo no início da manhã de forma a estar preparado para o dia.

Um agenda a longo prazo pode ajudar a planear com antecedência para palestras específicas, trabalhos, tarefas profissionais ou objetivos pessoais para o lembrar de datas assim como ajudar a planear construtivamente o seu tempo de forma a atingir o objetivo.

Lembre-se que desenvolver capacidades de gestão de tempo é um percurso ou um processo e não algo que aconteça da noite para o dia. Desenvolve as capacidades de gestão de tempo que possui de momento num período de anos e não meses ou dias, mas anos.

Pode alterar ou melhorar as usas capacidades de gestão de tempo mas apenas com paciência e compreensão por si mesmo e pelos desafios particulares que enfrenta todos os dias.

Capítulo 5:
Ser mais eficaz no trabalho com a gestão de tempo

A administração e os funcionários devem lembrar-se que sozinhos não conseguem executar todos os deveres do escritório, e tais deveres não devem ser executados de uma só vez. Sendo assim, a administração deve utilizar capacidades de gestão de tempo eficazes e também deve ensinar tais capacidades aos funcionários.

É comum os funcionários sentirem uma sensação de urgência para completar as suas tarefas. Isto pode ser causado por medo de reprimendas ou gerar a perceção de desempenhos pobres por ter tarefas incompletas. Alguns funcionários experienciam ansiedade significativa ao saber que têm múltiplas tarefas para serem completadas.

A administração e os funcionários ganham satisfação ao completar as suas tarefas rapidamente pois ajuda-os a sentirem-se úteis. Isto reforça a necessidade de trabalhar de forma rápida. Apesar de isto providenciar os funcionários com um alívio temporário de pressão, a perceção de rapidez cria mais pressão do que a que é aliviada após completarem rapidamente muitas tarefas.

Os funcionários devem sempre manter uma lista de tarefas do trabalho que precisam de ser efetuadas. Durante o dia, as tarefas podem manifestar-se durante alturas mais agitadas e o funcionário pode facilmente esquecer-se se não a anotar. Os funcionários beneficiariam de transportar um bloco de apontamentos para que possam tirar notas e lembranças à medida que o dia avança.

Uma lista de trabalhotambém deve ser privilegiada.

A administração e os funcionários devem saber a diferença entre o que é importante e o que é urgente, e devem privilegiar de acordo. Organizar desta forma reduz a pressão e alivia a ansiedade já que os funcionários irão sentir-se mais confiantes de que os deveres irão ser completados quando forem necessários e que nada irá cair por entre dedos.

Os funcionários devem privilegiar assuntos urgentes mas devem assegurar que problemas importantes também são abordados, já que problemas importantes que não são tratados irão tornar-se urgentes.

Para gerir tempo de uma forma mais ampla, os gerentes devem planear com cerca de 30 dias de antecedência para assegurar que estão preparados para as tarefas ou eventos no futuro. A administração deve fazer uso desse calendário e remeter-se a ele ao planear.

Tempos específico devem ser estabelecidos para certas tarefas, por exemplo, os enfermeiros devem escolher uma altura de cada dia para devolverem chamadas quando estão menos ocupados ou podem evitar interrupções.

Os funcionários devem comunicar uns com os outros em alturas em que não podem ser perturbados.

Para os gerentes, a capacidade de gestão de tempo mais eficaz é delegar. Apesar de alguns também gostarem, os gerentes não conseguem controlar tudo. Alguns gerentes são relutantes a delegar serviço porque sentem que ao passarem as suas responsabilidades para outros, estão a ameaçar os seus próprios empregos.

Contudo, se os funcionários que um gerente administra se saírem bem, são reflexo dos seus líderes. Um bom líder não só tem um objetivo e uma visão para o seu escritório, mas partilha tais objetivos com o pessoal e os desafios no caminho para alcançar os seus objetivos.

Delegar também capacita o seu pessoal e envolve-os nos desafios do escritório. Assim, eles assumem mais responsabilidade e orgulham-se do seu trabalho e tornam-se funcionários mais fortes.

Quando delega responsabilidades aos funcionários, a administração deve providenciar instruções específicas no que há para fazer e deve acompanhar a evolução do funcionário na tarefa. A administração não deve micro-gerir o funcionário nas tarefas que foram delegadas já que destrói o objetivo do gerente pois não irá libertar-lhe tempo.

A administração deve conduzir uma reunião matinal todos os dias. Isto assegura que todo o pessoal partilha da mesma visão e objetivo para o dia. O horário diário deve ser analisadopor tudo o que posso causar problemas ou atrasos.

A administração deve traçar um "plano de jogo" ao pessoal do que necessita ser feito nesse dia em particular. Acima de tudo, a administração deve incentivar o pessoal para levantar a moral antes de começar o dia de trabalho.

Em relação a ajudar os médicos a gerir o seus horário, a administração deve assegurar-se de que o horário do prestador é revisto e que há um fluxo de pacientes consistente e suave.

Se o médico está atrasado, notificar os pacientes para o atraso e se a espera é excecionalmente longa, dar ao paciente a opção de remarcar. Se o paciente esperar demasiado, irá tornar-se bastante insatisfeito com o médico e com o serviço do consultório.

No final de cada dia, as fichas de pacientes, que irão ser vistos no dia seguinte, devem ser retiradas e verificadas para assegurar que todos os registos e documentação que o médico irá precisar para a consulta estão presentes. Isto ajuda a prevenir atrasos.

Capítulo 6:
Gestão de Tempo Eficaz para Maior Produtividade

Gestão de tempo produtiva e eficaz é o fator crucial que irá levá-lo ao sucesso ou, se decidir deixar o tempo passar, sem dúvida que ficará desiludido. Lembre-se que todos temos apenas 24 horas ou 1440 minutos em cada dia, o Zé não tem mais um segundo que o resto.

Então o que faz o Pedro sobressair como um proprietário de sucesso. Já parou para refletir? É um fato provado que gestão de tempo eficaz leva a gestão de tempo produtiva.

Para alguém que embarcou em marketing digital como uma atividade a tempo parcial, é ainda mais importante acompanhar cada minuto.

Tem de saber como se sentir mais realizado em muito menos tempo, se deduzir o tempo para descansar e dormir, fazer exercício, tempo em família, trabalho e viagem, fica-se com mais ou menos 5 horas para gastar no negócio da internet.

Se esse tempo não for gerido eficazmente, não deve ficar surpreendido se o negócio for por água abaixo.

A boa notícia é que existem estratégias de gestão de tempo comprovadas e eficazes que devemos seguir como rotina para converter o máximo de tempo em tempo produtivo. Estas estratégias são bastante simples, processos de formação de hábitos que devem formar uma rotina, seguidas em piloto automático após algumas semanas de prática disciplinada.

Eis algumas estratégias de gestão de tempo comprovadas e eficazes que podem transformar o seu tempo em ouro, lembre-se dos dizeres, "Tempo é dinheiro", faça com que aconteça.

1. Planeie o seu tempo – Faça sempre um plano para a semana ou para o dia com antecedência. Anote todas as atividades que pretende completar.
Inicialmente comece com um cronómetro como uma medida de auto-disciplina, se conseguir realizar a sua tarefa no tempo

atribuído, congratule-se, se não conseguir, pare o trabalho e passe para o próximo espaço. As tarefas incompletas podem ser terminadas no dia seguinte no mesmo espaço de tempo.

2. Evite a multitarefa – A multitarefa não é um hábito desejável. Baixa o seu coeficiente intelectual em grande medida já que a sua mente está envolvida num processo de pensamento múltiplo deixando-o sobrecarregado e confuso. Tenha uma abordagem concentrada a uma, ou na melhor das hipóteses, duas estratégias.

3. O ABC da análise de tarefas – dedique o máximo de tempo a atividades ou tarefas que podem resultar em ganhos. Ganhe tempo ao otimizar a utilização em tarefas de alta prioridade ordene por ordem decrescente.
Lembre-se, psicologicamente estamos programados para assumir tarefas fáceis e não prioritárias em primeiro lugar para as eliminarmos. Na eficácia de tarefas, o

volume não tem sentido se gerar lixo. Reflita no seu padrão de gasto de tempo e avalia a sua produtividade.

4. Evite Distrações – as distrações são as maiores culpadas e gastadoras de tempo. Assim que começar o seu horário planeado, certifique-se que tudo o que possa causar distração, do género do telemóvel, chegadas de e-mail, Skype, está no modo desligado. Não se pode concentrar no que estava a fazer assim que é interrompido.

5. Exercício – Sim, sabemos que não estamos a discutir bem-estar, mas ficaria surpreendido ao saber que um corpo que é tratado com uma dose diária de exercício transporta uma mente muito mais alerta do que um corpo que não se exercita,
Faça do exercício uma rotina ou faça apenas uma caminhada diária. Para além de aumentar o metabolismo do corpo, dá-lhe novas ideias já que o cérebro está no máximo do seu desempenho durante o exercício.

Leve esta rotina mais além, entre numa disciplina de sono e acordar normal. É muito importante para o corpo estar completamente descansado para o cérebro produzir essas fantásticas estratégias.

6. Evite assassinos de produtividade – Perder o seu precioso tempo a ver e-mails, a escrever longas respostas são assassinos de produtividade.
Não fique viciados neles. Abrace intensificadores de produtividade como a escrita de capítulos, geradores de tráfego, geração de liderança, aprenda o uso eficaz dos atalhos do teclado para poupar tempo e a maior delas todas, procure pistas falsas para as transformar em boas perspetivas. Estas atividades devem tomar 75% a 90% do seu tempo.

7. Planeie tempo em família – É muito importante que reconheça o sacrifício que a família está a fazer ao apoiá-lo na sua luta para alcançar a liberdade financeira. Deve atribuir um tempo em família diário e uma saída semanal em família para estar com eles, partilhar e cuidar.

Lembre-se que a sua concentração na sua tarefa será largamente intensificada se tiver uma família que o apoie, ganhe o seu apoio.

O crescimento do seu negócio será influenciado pela forma como investe o seu tempo, mantenha-se a par do mundo em mudança que o rodeia. A gestão de tempo eficaz leva sempre a maior produtividade.

Capítulo 7:
Equilibrar as suas Prioridades

O problema aqui é que o "tempo" não é algo que possa ser realmente gerido. É-nos atribuído a todos as mesmas 24 horas num dia. Não pode guardar algumas para mais tarde se tiver de sobra, não o pode fazer andar mais depressa ou mais devagar, não pode fazê-lo andar noutra direção que não para a frente.

Então porque é que algumas pessoas parecem ser capazes de cumprir regularmente tarefas monumentais no seu dia, e grandes coisas no decurso de uma vida, enquanto outras se podem estar a debater para se levantarem, chegar ao emprego, terminar o trabalho dentro das horas de expediente, e correr para casa para poderem ter algum "tempo" com a sua família?

Bem, claramente, dado que o tempo é o mesmo para todos, não se trata de "gestão de tempo", mas de autogestão, que é um dos empreendimentos mais vantajosos a que qualquer um de nós se pode dedicar! Irei continuar a utilizar a frase "gestão de tempo" por uma questão de simplicidade, mas é importante que na sua mente a comece a ouvir como "autogestão".

Vamos começar com um conceito chamado princípio de Pareto. Este princípio diz que, tipicamente, 80% do seu esforço produz apenas 20% dos seus resultados. Isso significa que 20% do seu esforço está a produzir 80% dos seus resultados, que é bastante mais desejável para a maioria das pessoas.

Agora imagine se pudesse aproveitar esses outros 80% do seu esforço para serem mais como os super-poderosos 20%, quão mais eficaz poderia ser? Imagine quantos coisas poderia realizar?

Aqui estão os seus três primeiros métodos para chegar a esse fim:

1. Conquiste o adiamento. O primeiro passo para conquistar o adiamento é reconhecer que o está a fazer. Alguns sintomas incluem verificar o seu e-mail, enviar mensagens ao seu cônjuge, fazer

café, abrir o frigorífico (de novo), ou encetar uma conversa com um colega de trabalho assim que se está a sentar para trabalhar.

Quando vir estes sintomas (ou quaisquer outros que possa incluir), PARE! Volte a concentrar-se e tente eliminar a distração.

Também é importante perceber o PORQUÊ de estar a adiar. Grande parte das pessoas adia porque consideram a tarefa em mãos ou é desconfortável ou de alguma forma desagradável, pode ser que pareça demasiado desafiante, ou apenas simplesmente aborrecida. Aqui estão alguma formas de combater essas sensações:

Divida a tarefa em bocados mais controláveis, com intervalos entre eles. Escrever aquele relatório não parece tão mau se não se vir sentado até o terminar.

Responsabilize alguém por si. Peça a alguém que vá ver como você está num determinado tempo, nem sequer tem de ser o seu patrão, todos sabemos quão eficaz pode ser a pressão dos seus pares.

Prometa a si mesmo uma recompensa quando a tarefa está terminada.

Aumente a sua disposição. Levante-se da sua secretária e alongue, e dê alguns saltos. Quando o seu sangue circula, irá pensar mais claramente e ter melhor concentração. Não gosto de defender o pensamento negativo, mas quando tudo o resto falhar, por vezes reconhecer as consequências de não terminar o seu trabalho pode ser suficiente para o fazer mexer de novo.

2. O registo de atividade. Por vezes chamado de registo de atividade, registo de tempo, mapa de tempo ou plano diário, esta tática é uma ferramenta vital para se manter a par de como gasta o seu tempo. Por um período de tempo, pelo menos dois ou três dias, apesar de alguns mentores recomendarem uma semana, irá apontar todas as suas atividades de um dia.

O princípio deverá ser óbvio: se não sabe para onde está o seu tempo a desaparecer, como pode fazer mudanças para remediar a situação? Não pode! A boa notícia é que isto não tem de ser difícil. Há duas formas de abordar isto:

A primeira é simplesmente manter um registo, uma folha de papel pautado é ótimo, e de cada vez que mudar de atividade, anota o que está a fazer, e as horas. O meu problema com esta técnica é que há tantas atividades que executamos em piloto automático que nem reparamos nelas para as podermos anotar.

Por exemplo, se esteve a olhar para o vazio nos últimos 10 minutos, notaria quando a sua atenção voltasse para a folha de cálculo onde estava a trabalhar para que pudesse anotar?

A segunda utiliza apenas um simples caderno de apontamentos, do tipo em que as horas são divididas em segmentos de 15 minutos. Irá necessitar disto e de um pequeno cronómetro digital (qualquer coisa do género de um cronómetro de cozinha serve perfeitamente). Defina o cronómetro para 15 minutos. De cada vez que disparar, aponte o que esteve a fazer nos últimos 15 minutos.

Se tiver um compromisso mais longo, aponte a que horas iniciou o compromisso e quando terminar, volte aos segmentos de 15 minutos. Este é um prazo curto o suficiente para que a maioria das pessoas possam lembrar-se com precisão o que estavam a fazer nesse período, mesmo que estejam simplesmente a divagar! Este é o método que recomendo.

Assim que fizer isto durante alguns dias, irá ser realmente capaz de avaliar para onde vai o seu tempo apesar de poder ficar chocado com quanto tempo foi gasto a fazer tarefas pouco produtivas.

Há muitas formas de fazer uso deste registo, mas para começar, que tal eliminar as tarefas desnecessárias, passar menos tempo em tarefas de baixa prioridade e agrupar tarefas semelhantes, cortando a perda de tempo gasto ao mudar a sua concentração de uma atividade para outra.

Para tornar este acompanhamento ainda mais eficaz, à medida que aponta as suas atividades, aponte também como se sente – se o seu nível de energia é alto, médio ou baixo. Quando aponta a que horas come, aponte também o que come. Isto irá ajudá-lo com a tática de gestão de tempo número três.

3. Identifique as suas "horas enérgicas". Toda a gente tem certas alturas do dia em que são mais criativas, concentradas e produtivas do que outras. Estas são as alturas em que deveria enfrentar as suas tarefas mais desafiantes. Se anotou fielmente os seus níveis de energia no seu registo de atividade, deverá ser capaz de ver claramente onde a sua concentração atinge picos e declina.

Aqui está uma pista, mesmo que ainda não tenha feito o seu registo de atividades. Se dá por si a ficar muito agitado enquanto que tenta terminar uma tarefa mundana qualquer, isso poderá ser um bom sinal de que a sua energia está a ser desperdiçada.

Porque a sua energia irá variar consoante os seus hábitos alimentares, padrões de sono, e que tarefas já enfrentou, mas isto é outra coisa onde o seu registo de atividade pode ajudar. Se ao rever o seu registo reparar que a sua energia acalma sempre após o almoço, pode ser culpa da sua comida. Tente mudar a sua dieta e ver se há mudanças de energia. Também pode tentar levantar-se e ir para a cama a diferentes horas.

Conclusão

Algumas das razões pelas quais as pessoas usam a gestão de tempo podem ser contraprodutivas para alcançar mudanças sustentáveis que ofereçam resultados consistentes. Parte do problema é porque a frase pode ser enganadora. Eis porquê: O tempo não precisa de ser gerido. É você que precisa. O problema é que está a desviar as atenções de resolver permanentemente problemas latentes que iriam criar soluções duradouras que nem sequer iriam necessitar de gestão.

O problema das estratégias de gestão de tempo é que são regularmente usadas inapropriadamente – e é isso que me preocupa. O que fazemos com frequência é usar a gestão de tempo para gerir padrões de comportamento ineficazes e maus hábitos em vez de a usar para melhorar a produtividade e a eficácia. Uma diferença importante.

Focar-se na autogestão é sobre encontrar mudanças duradouras para padrões comportamento ineficazes e maus hábitos.

Enquanto que a gestão de tempo é frequentemente sobre gerir estes problemas. A autogestão lida com mudanças reais que oferecem resultados tangíveis.

Daí a minha preferência para me focar na autogestão e não na gestão de tempo. Irá aumentar dramaticamente a sua eficácia se remover totalmente áreas problemáticas em vez de colocar coisas no lugar para geri-las.

Agora, não me interpretem mal, não estou a sugerir que deite fora os métodos que usa de momento para fazer as coisas ou que as ferramentas de gestão de tempo não têm lugar. O que sugiro é que focar-se na autogestão é mais provável de lhe trazer soluções reais, mudança duradoura e hábitos eficazes que produzem resultados naturalmente.

Um bom ponto de partida é olhar para o estado de espírito com que fica quando sente que surge algo que cai no problema da "gestão de tempo".

Se cada vez que um mau hábito ou padrão de comportamento surgir o seu estado de espírito imediato é colocar uma técnica ou ferramenta de gestão de tempo em ação para geri-la, irá ficar para sempre em modo de problemas de gestão, e não em modo de criar soluções duradouras.

A chave é criar um estado de espírito que procure dentro de si pela fonte e pela solução primeiro e pelas técnicas para gerir problemas em segundo. Uma boa regra a seguir neste tipo de coisas é lembrar-se sempre de olhar para o interior antes de olhar para o exterior.

Parte 2

Introdução

Eu gostaria de lhe agradecer e parabenizar pelodownloaddeste livro.
Este livro contém passos e estratégias comprovadas sobre como gerenciar o tempo, tornar-se mais produtivo e utilizar várias técnicas e tecnologias para obter o máximo do seu potencial. Preguiça, letargia, procrastinação e ociosidade são inibidores definitivos que restringem o crescimento e as conquistas de qualquer indivíduo. A gestão eficaz do tempo e a remoção de todas essas características negativas são essenciais para qualquer pessoa que busca obter sucesso na vida.
Então... você já sentiu que está estressado e não tem tempo para conquistar o que sempre quis? Você se sente preocupado por nunca conseguir aquilo pelo que é apaixonado e por seus objetivos sempre permanecerem como um sonho?
Você se sente sobrecarregado com prazos, excesso de trabalho e falta de tempo para realmente aproveitar a vida?

Bem... você realmente precisa parar de se preocupar... e **GERENCIAR O SEU TEMPO!**

Sim, a gestão do tempo - um dos sete hábitos essenciais das pessoas bem-sucedidas - é uma necessidade para qualquer pessoa que deseje atingir seus objetivos e conquistar o que lhes apaixona. Sem administrar o tempo, a pessoa fica ociosa - seus pensamentos mundanos, sua lista de objetivos vazia e sua vida - sem motivação, zelo ou propósito...

Neste livro, você aprenderá como transformar sua vida estabelecendo seus objetivos, dividindo-os em tarefas fáceis de realizar e, em seguida, utilizando uma variedade de técnicas de gerenciamento de tempo, fáceis de usar, para se tornar a pessoa que você sempre quis ser... aumentando sua produtividade imensamente.

"Você não precisa ser grande para começar, mas tem que começar para ser grande!"

Para quem deseja realizar algo que valha a pena na vida... para quem deseja deixar sua marca neste mundo... para quem quer reconhecer seu potencial... é uma obrigação valorizar o tempo, reconhecer sua importância e gastá-lo como uma pessoa sábia faria - apenas nas mais excelentes e nobres buscas...

Este livro irá ajudá-lo a pensar sobre o tema e fornecerá uma orientação firme para reconhecer o valor do tempo, gerenciá-lo de forma eficaz e usando várias tecnologias para preencher sua vida com fervor, entusiasmo e um senso de realização...

Portanto.... Leia e compartilhe com os outros...

E obrigado por fazer o download deste livro, eu espero que você goste!

Capítulo 1: Tudo sobre Gestão do Tempo!

Você já passou por um momento em que as coisas não estavam dando certo para você? Você já teve a dor de cabeça de ter tantas tarefas para fazer e sem o tempodevido disponível para realizá-las? Você consegue manter seus prazos? Você tem dificuldade em cumprir promessas e alcançar o que sempre quis?

Mesmo se a sua resposta a todas as perguntas acima mencionadas for não, o fato de você ser um humano significa que você precisa gerenciar seu tempo. Sim! A Gestão do Tempo é uma arte que precisa ser aprendida, uma habilidade que precisa ser dominada e uma ciência que precisa ser aperfeiçoada. Sem um adequado gerenciamento do tempo, não há um objetivo maior que você possa realizar...

"Até que possamos administrar o tempo, não podemos administrar mais nada."
~Peter F. Drucker

O que é Gestão do Tempo

A gestão do tempo refere-se basicamente ao gerenciamento de recursos, planejamento, disciplina, responsabilidade do tempo gasto, priorização e organização. De acordo com Covey, autor de "Os 7 Hábitos das Pessoas Altamente Eficazes", a gestão do tempo é a capacidade de "organizar e executar prioridades". Trata-se de estabelecer metas, priorizá-las, dividi-las em tarefas e incorporá-las à sua rotina de modo a realizar o que você deseja alcançar com conforto, facilidade e ao mesmo tempo evitando o estresse.

A maioria das pessoas está sobrecarregada, atrasada em seus prazos, sob estresse, incapaz de cumprir suas promessas e, muitas vezes, infeliz com o estado geral das coisas. O gerenciamento correto do tempo procura basicamente anular todos os negativos, garantindo tempo, energia e aproveitamentopara atingir o máximo valor e benefício.

Por que Gerenciar o Tempo?
O ditado de que tempo é dinheiro é famoso. De fato, o tempo perdido nunca pode ser recuperado. Portanto, um homem sensato deve valorizar seu tempo. Ele deve abster-se de atividades que

impedem seu progresso em direção aos objetivos escolhidos.

"O tempo é realmente o único capital que qualquer ser humano tem, e a única coisa que ele não pode perder." ~Thomas Edison

Alguns dos benefícios da gestão do tempo são:

- Coloca a pessoa no controle de sua vida
- Liberta do estresse e da ansiedade
- Permite que a pessoa cumpra suas promessas e seus prazos
- Aumenta sua produtividade, ajudando a realizar mais em menos tempo
- Gera mais tempo livre para você – tempo livre que você jamais pensou que tivesse!
- Ajuda a alcançar metas maiores de vida, as quais você nunca imaginou ser possível...
- Faz com que você seja pontual e disciplinado – um modelo para os outros
- Impede que a mente esteja livre e tenha pensamentos sombrios – ajuda-lhe a ser ativo e feliz

- Auxiliana organizar de todos os aspectos da sua vida e o deixa mais confiante

Todos esses benefícios são algo que qualquer pessoa positiva e orientada para objetivos definitivamente desejaria. E, de fato, são conquistas pelas quais vale a pena lutar. Quer viver melhor? Este é o caminho...

Evitando a Procrastinação

Em uma era digital e tecnologicamente avançada como a nossa, há muitas distrações ao nosso redor - todas com a intenção de tentar nos afastar de nossas principais tarefas e darmos um pouco de nosso precioso tempo para elas. Programas de televisão, Facebook, Youtube, etc., levam muito do nosso tempo diário sem que nos demos conta de quanto tempo perdemos em atividades triviais,sem termos alcançado nada! O objetivo não é privar uma pessoa de se divertir. O objetivo é "encaixar" essas atividades em uma rotina adequada para que nossos esforços não sejam desperdiçados e vivamos essa vida realizando, alcançando e contribuindo, ao invés de apenas estar respirando.

Uma doença disseminada entre os que não são empreendedores em todo o mundo é a procrastinação - uma tendência a parar, postergar ou adiar uma tarefa sem um motivo adequado. A causa mais prevalente de procrastinação é, com certeza, o grande número de distrações que nos cercam. Outros fatores incluem:

- Adiar tudo para o último minuto, pensando que tudo será feito (ou não)
- Preferir o amanhã ao hoje
- Executar tarefas espontaneamente, com as quais você não ficaria entusiasmado. Por exemplo, lavar roupa, pintar uma porta, alimentar animais, etc.
- Ter um sentimento de inferioridade dizendo que nada que você faça será bom o suficiente
- Desinteresse ou falta de paixãocom o objetivo em mãos
- Ausência de qualquer rotina ou agenda sólidas
- Saúde fraca – física, mental ou ambas

Pode haver mais. No entanto, gerenciamento de tempo e procrastinação estão relacionados. Para administrar bem o tempo, a procrastinação deve ser evitada. A procrastinação é um problema... Na verdade, para aqueles que desejam ter sucesso, é perigoso. Alguns de seus perigos incluem:

- Rouba-nos a conquista
- Produz estresse e ansiedade
- Aumenta a carga de trabalho
- Afeta nossa saúde física e mental

Assim sendo, é imperativo que uma pessoa sensata se prepare, evite a procrastinação e administre sua vida para traduzir suas habilidades e potencialidades em realizações bem-sucedidas.

Daqueles que conseguiram!

Ao longo da história, aqueles que conquistaramalgo neste mundo foram aqueles que reconheceram o valor do tempo. Como inspiração e exemplo, citamos algumas pessoas influentes que sabiam uma coisa ou duas sobre o assunto:

"Você não deve negligenciar seu tempo ou usá-lo a esmo; pelo contrário, você deve se responsabilizar, estruturar suas litanias e outras práticas durante o dia e a noite, e atribuir a cada período uma função fixa e específica... Cada respiração sua é uma joia inestimável, já que cada uma delas é insubstituível e, uma vez desaparecido, nunca pode ser recuperado." ~Ghazali

"A riqueza perdida pode ser substituída pela indústria, o conhecimento perdido pelo estudo, a saúde perdida pela moderação ou pela medicina, mas o tempo perdido se foi para sempre." ~Samuel Smiles

"Amas a vida? Então não desperdice o tempo, pois é disso que a vida é feita." ~Benjamin Franklin

*"Depois de dominar o tempo, você entenderá como é verdade que a maioria das pessoas superestima o que pode realizar em um ano - e

subestima o que pode conseguir em uma década!" ~Anthony Robbins

"A grande linha divisória entre sucesso e fracasso pode ser expressa em quatro palavras: 'Eu não tenho tempo'." ~Franklin Field

Capítulo 2: Fundamentos da Gestão do Tempo

A partir dos fundamentos da gestão do tempo estaremos aprendendo as várias técnicas que nos ajudam a alcançar esse objetivo, bem como os métodos para implementar essas técnicas. Para o gerenciamento do tempo, primeiro você precisa definir metas para você mesmo. Tire um tempo de sua vida —seja lá o que você estiver fazendo - e tente isso... Pense!

Qual é seu objetivo na vida? Quais são seus principais objetivos? Emque você acha que é melhor ou pelo que é apaixonado? Qual é o seu propósito?

Primeiro você precisa ter respostas válidas para essas questões importantes... Pegue um bloco de anotações (digital ou analógico) e anote todas as metas que vierem à sua mente - tendo em mente que elas são realistas, alcançáveis e valiosas (ou seja, são metas certas que devem ser aspiradas).

Definindo Metas

Este é o estágio de definição de metas e começa no início do ciclo de gerenciamento do tempo. Depois de definir seus objetivos, divida-os em:

- Objetivos de vida (mais de 5 anos) [por exemplo: eu quero concluir uma universidade, eu quero conseguir a salvação, eu quero criar um sistema operacional melhor do que o MS Windows etc.]
- Objetivos de longo prazo (1-5 anos) [por exemplo: eu quero me tornar um neurocirurgião ou um piloto, eu quero eventualmente me tornar um empreendedor, eu quero estabelecer um instituto para os pobres etc.]
- Objetivos de médio prazo (1-11 meses) [por exemplo: eu quero aprender a usar o Adobe Photoshop, eu quero ganhar dinheiro suficiente para ir para a faculdade ou eu quero terminar meu trabalho, etc.]
- Objetivos de curto prazo (1-30 dias) [por exemplo: eu quero consertar meu carro, quero limpar meu computador

com antivírus ou quero contratar alguém para arrumar meu jardim etc.] As metas geralmente são de longo prazo, mas também podem ser de outra maneira. Uma vez que tenha agrupado seus objetivos dessa maneira, você descobrirá que você terá muito mais clarezano que faz.

Divisão de Tarefas

Depois que você listou e agrupou as suas metas, você precisa dividi-las em tarefas (se necessário). Por exemplo, se o seu objetivo de longo prazo é se tornar um neurocirurgião ou obter um PHD em inteligência artificial, este é, portanto, um objetivo que deve ser dividido em tarefas. Continuandocom o exemplo,se você ainda estiver no ensino médio:

1. Tirar as melhores notas possíveis no ensino médio
2. Escolher a melhor Universidade
3. Falar com um consultor experiente
4. Se inscrever no curso para admissão

Naturalmente, não é necessário que seus objetivos de longo prazo se dividam em tarefas de curto prazo totalmente conclusivas. A lista será preenchida com o passar do tempo. Normalmente, as metas de vida e as metas de longo prazo são divididas em tarefas menores.

Além disso, metas de curto prazo e metas de médio prazo podem se transformar em tarefas. Portanto, não se confunda com isso.

Certifique-se de numerar cada meta/tarefa com uma estimativa cuidadosa do tempo máximo necessário para realizá-la. Isso lhe dará uma ideia de para onde você está indo, se todas as suas metas são viáveis e se você tem tempo suficiente para realizar todas elas.

A definição de metas e o processo de divisão de tarefas podem ser ilustrados da seguinte forma:

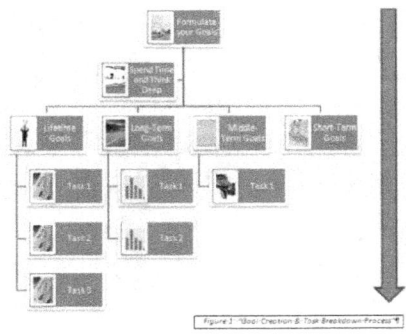

Se você gastar seu tempo pensando e utilizar essa técnica apropriadamente, você verá os resultados surpreendentes que ela lhe trará. Você sairá organizado, dedicado, com uma nova aspiração e motivação. Esta é a parte básica aoadministrar o como você vai viver sua vida.

A próxima parte é examinar algumas técnicas específicas de gerenciamento do tempo que o ajudarão a se organizar para realizar as tarefas e metas que você definiu.

Técnicas Importantes de Gestão do Tempo

Grade de Urgência/Importância

Esta é uma técnica amplamente usada que divide todas as tarefas possíveis em 4 quadrantes da grade de Urgência/Importância, que pode ser

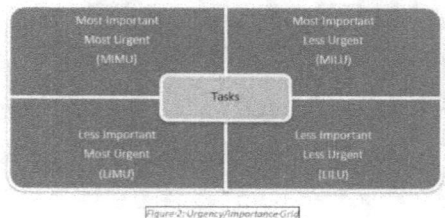

ilustrada da seguinte maneira:

A ideia é agrupar todas as suas tarefas pendentes em um dos quatro quadrantes. Tarefas que devem ser feitas primeiro são aquelas que entram no Quadrante MIMU, depois Quadrante MILU e assim por diante. Além disso, o seguinte deve ser observado:
- MIMU deve ser feito primeiro, depois MILU, LIMU, LILU - nessa ordem
- As tarefas em cada quadrante podem passar para outro quadrante à medida do tempo, como exemplo, uma tarefa que era MILU, de repente, poderia se tornar MIMU ou uma tarefa que parecia LIMU poderia se tornar subitamente MIMU
- Deve-se tomar cuidado para atualizar a grade regularmente e algumas ferramentas disponíveis online podem ser utilizadaspara isso (mais à respeito disso adiante!)

A Grade de Urgência/Importância é uma técnica experimentada, testada e comprovada que oferece uma ótima maneira de organizar suas tarefas e descobrir qual delas deve ser priorizada. A técnica é simples, fácil de entender e eficaz. Na verdade, é uma obrigação para quem quer gerenciar seu tempo corretamente.

Análise de Pareto

Atribuído ao economista italiano, Vilfredo Pareto, esta técnica baseia-se na teoria de que, dentro de qualquer sistema, alguns elementos tendem a produzir retornos mais elevados do que outros. A teoria diz que:

- 20% dos elementos serão Rendimentos Altos (RA), enquanto 80% serão Rendimentos Baixos (RB)
- 20% dos RA produzem cerca de 80% do Rendimento (R)
- 80% dos RB produzem o restante dos 20% de R

Em termos de gestão e produção, isso significa que 20% do tempo gasto em algo renderá 80% da produção final (pense em negócios e lucro aqui para entender). Por outro lado, os 80% restantes só produzirão 20% da produção final.

A implicação é que, como 20% do seu trabalho produzirá 80% da produção, você também pode trabalhar de antemão para priorizar esse trabalho de 20%, o que resolve o maior número de seus problemas e, eventualmente, fornecerá essa saída de 80% antecipadamente. O resto do seu trabalho será mais fácil.

A Análise de Pareto é usada onde um subconjunto precisa ser priorizado de um determinado conjunto de acordo com o princípio 80/20 mencionado acima. Para a análise de Pareto, os seguintes passos precisam ser seguidos:

- Identificar e listar problemas e suas causas
- Pontuar os problemas
- Agrupar problemas por causa
- Adicionar pontuações para cada grupo
- Tomar uma atitude

O que isto significa? Bem, vamos entender com um exemplo. Imagine que você está administrando uma escola e que está enfrentando uma lista de problemas

S/No	Problema (Passo 1)	Causa (Passo 1)	Pontuação /10 (Passo

		2)
1	Os estudantes estão moralmente corrompidos	Equipe não competente	9
2	Notas dos testes não estão acima do esperado	Equipe não competente	8
3	Atividades começam tarde	Organização fraca	6
4	Equipe não é cooperativa	Equipe não competente	6
5	Novos alunos e funcionários não vindo	Qualidade Plano de Estudos	5
6	Alunos	Organizaç	9

| | matando aula | ão fraca | |

Agora, para o passo 3, precisamos agrupar os problemas por causa, o que resultará em:

Causa	No. Dos Problemas	Pontuação Total
Equipe não competente	Itens 1,2 e 4	23
Organização Fraca	Itens 3 e 6	15
Qualidade Plano de Estudos	Item 5	5

Como podemos ver, o maior benefício pode ser alcançado corrigindo-se o problema de "Equipe não competente", que corrigirá (23/53%) 43% de todo o problema. Em seguida, corrigir o problema da "Organização Fraca", que corrigirá (15/43%) 35% de todo o problema, o que equivale a um total de 78% de correção dos problemas.

É assim que a pessoa pode priorizar sua decisão, concluindo primeiro o trabalho mais importante e, em seguida, passar para o trabalho menos importante. Lembre-se de que o índice 80/20 é apenas um exemplo e a proporção nem sempre é 80/20. A análise de Pareto mostra a área que, se for fixada, dará o máximo benefício e, portanto, deve ser priorizada.

Esta é uma técnica de priorização útil e pode ser empregada em uma variedade de cenários para alcançar ótimos resultados de gerenciamento de tempo!

Planejamento Reverso

O planejamento reverso ajuda a definir feitos e uma data de início, indo ao inverso a partir da data de conclusão da tarefa. Embora isso leve tempo, o planejamento reverso pode ajudar as pessoas a administrar o estresse e preocupações que incorrem durante a conclusão de tarefas/projetos, devido a circunstâncias imprevistas.

Suponha que você vá ministrar uma palestra sobre "Gestão do Tempo e Evitando a Procrastinação" antes que seu produto, "Curso Completo de Gestão do Tempo", chegue ao mercado no lançamento no dia 7 de abril.

Você decide entregar a palestra no dia 31 de março. Isso permite que você organize uma palestra subsequente se todos os tópicos não forem abordados. Além disso, dará espaço para organizar a palestra novamente em caso de emergência, clima ruim, greve etc. Dar a palestra uma semana antes do lançamento, também permitirá que você use as ferramentas certas de marketing para impulsionar suas vendas do produto e fornecer benefícios para as pessoas também.

A partir disto, você listará as tarefas necessárias para concluir sua meta - a palestra. Estas podem ser representadas da seguinte forma:

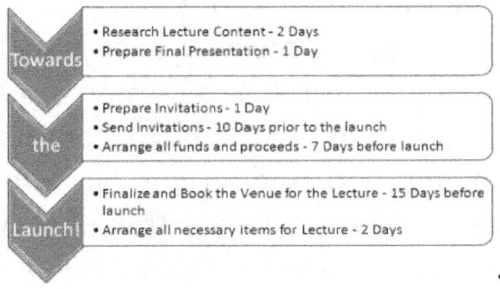

Você pode ver que algumas das tarefas são enviesadas diretamente, ou seja, elas são listadas com o número de dias necessários para concluí-las, enquanto outras são enviesadas inversamente, ou seja, elas são listadas com o número de dias antes da palestra em que devem ser feitas.

Você também contabilizará o seguinte durante sua análise:

- Ajuste sua agenda para planejar dias livres (para família, fins de semana, trabalhos diversos, etc.)
- Algumas tarefas podem ser dependentes de outras e, portanto, podem não ser iniciadas antes que outra esteja concluída
- Talvez alguma tarefa dependa da conclusão de uma tarefa executada por um colega, como por exemplo: David fornece o serviço de impressão dos convites. Agora, nesse cenário, os convites não podem ser enviados até que David conclua seu trabalho. Assim, a confiabilidade e a pontualidade de

David precisam ser levadas em consideração antes de definir um cronograma final.

Sua tabela de conclusão pode parecer assim:

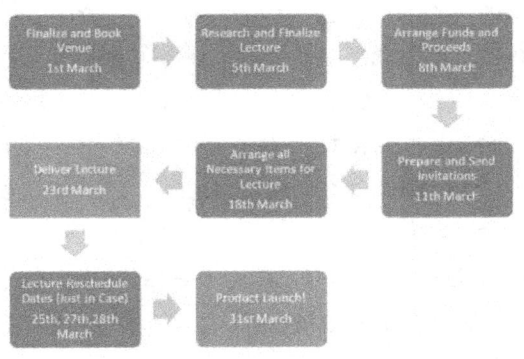

Figure 3: Reverse Scheduling Output

Como você deve ter entendido neste exemplo simples, o agendamento reverso é uma ótima ferramenta de gerenciamento de tempo que ajuda você a:

- Planejar com antecedência
- Analisar seu tempo livre
- Considerar seus "pontos fracos"
- Fornece uma rotina à prova de falhas
- Impede que você entre em pânico

- Inibe a tentativa de fazer tudo de uma vez ou procrastinar
- Salva-lhe de deixar tempo insuficiente para completar alguma tarefa vital!

Concluindo este Capítulo...

Assim sendo, estas foram algumas técnicas básicas, mas altamente úteis e eficazes para aprender a gerenciar o tempo e planejar suas tarefas e objetivos, alcançar o máximo de produção, com esforço mínimo de trabalho e ter um cronograma de trabalho livre de estresse! Agora vamos para um novo assunto...

Capítulo 3: Usando a Tecnologia para Gerenciar o Tempo

É óbvio que nós não vivemos em tempos vitorianos e o mundo entrou em uma nova era, uma era digital em que tudo é novo, conveniente e de fácil acesso. As distâncias se tornaram incrivelmente simples.

Então, por que mencionar isso? Bem, com os avanços tecnológicos disponíveis seria completamente negligente mencionar a gestão do tempo sem mencionar algumas das ferramentas tecnológicas brilhantes que podem ajudar a tornar nossa vida mais fácil!

Deste modo, aqui estão algumas ferramentas excelentes que podem ajudá-lo a gerenciar seu tempo e evitar a procrastinação:

Planejamento e Organização

Para realizar qualquer tarefa, planejamento e organização são fundamentais. Existem alguns ótimos aplicativos e softwares disponíveis na internet que podem ajudá-lo a facilitar o processo de planejamento. Entre eles estão:

- "RemembertheMilk" – um ótimo organizador que permite criar várias tarefas e organizá-las de acordo com datas, tags, categorias, estimativas de tempo, localização, etc. As tarefas podem ser adiadas e movidas. O software está sincronizado com o Google Agenda e está disponível para todos os tipos de plataformas.
- "Producteev"–se você é um empresário ou líder de um grupo, este software é para você. O software ajuda a gerenciar uma equipe e organizá-la. Faz muita coisa grátis também.
- "Mind-Maps"-se você precisa associar sua organização a imagens e trabalhar de maneira mais criativa, os mapas mentais são para você! Confira e obtenha ajuda na organização de seus negócios!

Listas de Tarefas

Naturalmente, listas de tarefas são a base de todas as atividades de gerenciamento de tempo. A seguir estão algumas ótimas ferramentas que podem ajudá-lo em relação à isso:

- "Google Tasks" –um utilitário gratuito que permite visualizar, adicionar e marcar tarefas ao criar categorias, hierarquias e notas.
- "Checkvist" – um ótimo aplicativo para criar esboços e listas funcionais que podem ser usados para diversas finalidades. Os usuários podem criar listas e trabalhar com outras equipes ou indivíduos para concluir um projeto. O Checkvist é fácil de usar, versátil e possui muitos recursos que o diferenciam como um item obrigatório para um gerenciamento de tempo eficaz...

Calendários

Para qualquer pessoa consciente do gerenciamento de tempo, os calendários são obrigatórios. A seguir, alguns ótimos programas que ajudam você a organizar seus dias e semanas:

- "Google Calendar" – um ótimo aplicativo gratuito oferecido pelo Google. É simples e fácil de usar. Os eventos são armazenados online e o calendário pode ser visto de qualquer lugar do mundo. Vários calendários podem ser adicionados e compartilhados, e os usuários podem colaborar com seus colegas de trabalho e amigos com facilidade. Como sempre acontece com o Google, o produto deles é "simplesmente" excelente...

- "<u>Yahoo Calendar</u>" – uma alternativa à versão do Google, o Yahoo Calendar permite que feeds e eventos sejam obtidos de sites que usam a API do Yahoo Calendar. Lembretes e convites podem ser compartilhados com trabalhadores e amigos.
- "<u>30 Boxes</u>" –segundo lugar na classificação da Forbes para o melhor software de calendário baseado na Web, o 30 Boxes é uma ferramenta útil que permite feeds de vários sites de mídia social, além de feeds RSS e a opção de importar e exportar dados. Também está disponível como um aplicativo para dispositivos móveis.

Gerenciamento de E-Mail

Hoje em dia, o gerenciamento de e-mail (que inclui mensagens do Facebook, rede de mídia social, etc.) é uma necessidade para quem quer alcançar umaboa gestão do tempo. A seguir, algumas ferramentas que podem ajudar a conseguir isso:

- "<u>Microsoft Outlook</u>" – um ótimo programa para gerenciar diferentes contas de e-mail de uma plataforma. Você pode pesquisar por e-mails, marcar ou sinalizar e-mails com prioridades e agendar tarefas, anunciar reuniões e assim por diante.
- "<u>Mozilla Thunderbird</u>" – uma ferramenta poderosa para gerenciar e-mail e conteúdo. Tal como acontece com o Outlook, está disponível online e offline. A velocidade do Thunderbird é sua característica distinta, além de seu excelente suporte a HTML, filtros de lixo eletrônico e proteção contra vírus.

Monitorando

Você já se perguntou para onde vão todas as suas horas de trabalho sem ter feito muito? Seja qual for a resposta, é verdade que gastamos muito tempo em tarefas triviais que atrapalham nosso progresso no trabalho, o potencial de realização e a gestão efetiva do tempo. Algumas das ferramentas que podem ajudá-lo a monitorar sua atividade online incluem:

- "<u>RescueTime</u>" – um aplicativo favorito dos usuários, o RescueTime rastreia o uso de seu computador e o divide em categorias e gráficos para uma aparência elegante e abrangente. O resultado é que você começa a ver onde seu tempo está sendo perdido e, em seguida, você pode definir os temporizadores manuais (disponíveis no aplicativo) para impedi-lo de se distrair.
- "<u>Chrometa</u>" – oChrometa também é um ótimo rastreador e monitor, mas além das facilidades normais, ele permite que você produza faturas para seus clientes diretamente de dentro do aplicativo.

Concluindo este capítulo...
Estes foram alguns dos softwares úteis que podem ajudá-lo a aumentar sua

eficiência. Obviamente, as pesquisas do Google darão muitos mais. Isto é apenas para dar a você o gosto de explorar o assunto. Utilize a tecnologia para obter o **máximo rendimento**, o **mínimo esforço de trabalho** e um **período de trabalho sem estresse**! Agora vamos ao nosso último conselho...

Capítulo 4: "Alguns Conselhos Finais!"

Finalmente, oferecemos alguns conselhos cruciais, experimentados e testados que devem ser lidos com grande atenção, com uma firme intenção de adesão. Lembre-se de que o aspecto-chave da gestão do tempo é a vontade e a determinação da pessoa para atingir e realizar seus objetivos. Sem isso, nenhuma técnica ou tecnologia pode ajudar. Isso é o mais importante a lembrar. Além disso:

Siga uma rotina diária!

É muito importante ter um plano diário - uma rotina que você seguirá em qualquer caso, não importa o quê. Quase todas as pessoas que tiveram sucesso em suas vidas seguiram uma rotina rígida e realizaram tudo que outros só podiam sonhar. A chave era a determinação e a perseverança deles em aderir ao cronograma definido.

A Cura para a Procrastinação* está em*Ser Ativo!

Pessoas sábias dizem que procrastinação e preguiça são nada se você se *tornar ativo*!

Pode parecer simples e direto, porém, é definitivamente verdade. Ninguém pode tirar você da sua preguiça, exceto você mesmo. Repense e convença-se de que você é uma pessoa ativa e enérgica. Abstenha-se de sentar-se à toa e de se entregar ao trabalho inútil. Domine-se e trabalhe por um objetivo maior!

Elimine os Desperdícios de Tempo

Coisas que desperdiçam nosso tempo estão por todos os ladosameaçando parar nossas conquistas e atrapalhar o nosso progresso em relação aos nossos objetivos.eliminar esses desperdícios de tempo ou transferi-los para um período de tempo adequadona sua rotina é uma obrigação para evitar que seu tempo seja desperdiçado. Desperdícios de tempo podem incluir conversas inúteis, reuniões sem sentido, navegação no Facebook, comer demais, etc. Se, por exemplo, você gosta de assistir documentários, mas fica tentado a assisti-los durante seu período de trabalho, evite em todo possível de fazê-lo. Em vez disso, coloque em sua rotina um horário adequado para assistir documentários e não faça mais nada durante esse tempo. Se você gosta de entrar no Facebook e criar a sua rede, então estabeleça um horáriopara isso também, e não faça mais nada durante esse tempo. Desta maneira, você verá que algo que você considerou ocioso de repente se tornará construtivo. Tenha em mente esta dica, pois isso o ajudará muito a se disciplinar e a conquistar mais. Finalmente, nunca faça nada fora do seu devido tempo!

Acorde Cedo!

"O sol não me pegou na cama em cinquenta anos."ThomasJefferson

Esta é uma técnica comprovada pelo tempo que diz que, a maior quantidade de trabalho pode ser feita eo melhor que a mente de um homem trabalhaé na hora do amanhecer e depois disso. Este horário tem muita bênção e é essencial que uma pessoa ativa utilize esse tempo para obter o máximo benefício. Experimente por alguns dias e veja o efeito que isso tem em você. Além disso, se acontecer de você ficar preso em uma tarefa e não conseguir

descobrir como resolvê-la, adie para a manhã seguinte etenteresolver nesse momento. Você ficará surpreso com a forma brilhante com que sua mente funciona durante as primeiras horas! Planeje sua rotina de tal maneira que você utilize essas horas adequadamente.
FOCO!
Não se desvie enquanto estiver realizando uma tarefa. Se você é alguém que não pode executar várias tarefas ao mesmo tempo ou trabalhar em um ambiente barulhento, organize seu local de trabalho. Ao fazer um determinado trabalho, não se distraia com tentações, telefonemas ou programas de televisão. Quando no trabalho, trabalhe e quando estiver no jogo, jogue - e não misture. Parece meio brega, mas é uma daquelas coisas que se provou verdadeira ao longo dos anos. Em geral, evite se distrair e organize seu local de trabalho para obter o foco máximo.
Box your time! Crie Janelas de Tempo
Todos precisam de tempo para relaxar e se divertir com a família e amigos. Certifique-se de incluir tempo para isso em sua

rotina. Não pense que a rotina é apenas a especificação das horas de trabalho. Não! Um homem sensato inclui todas as coisas da "vida" em sua rotina. Desta forma, você não ficará ocioso ou aborrecido e mesmo fazendo coisas que, de outra forma poderiam parecer triviais, você terá uma sensação de realização. *Boxingthe time* significa, basicamente, colocar em uma caixa ou janela de tempo tudo que você faz dentro de um determinado período de tempo. Sinta-se à vontade para se dar o máximo de liberdade possível e não sobrecarregue a si mesmo. Tenha em mente que não há nada de bom em uma rotina que você não consegue acompanhar. Além disso, lembre-se de colocar tempo livre entre as tarefas para se permitir relaxar entre os momentos de trabalho duro.

Aprenda a dizer não!

Um grande perigo para a sua produtividade e gestão do tempo eficiente vem das pessoas ao seu redor. Sempre haverá alguém te empurrando para baixo e perturbando sua rotina. No entanto, é aí que entra nosso senso de determinação para alcançar nossos objetivos. A maneira correta de evitar isso é aprender a dizer "não" às pessoas quando elas atrapalham seu progresso e a delegar *dentro da sua rotina* um tempo para encontrar as pessoas. Assim, sempre que alguém o incomodar durante o horário de trabalho, diga-lhe que você está ocupado no momento, mas vocês podem se encontrar em tal hora.

Mantenha-se Saudável!
A saúde é absolutamente essencial para se viver uma boa vida. Os princípios para se manter saudável envolvem dois aspectos fundamentais: alimentação saudável e sono saudável. Esteja ciente do que entra em seu corpo, pois esse é o combustível que o impulsiona. Obtenha um bom plano de saúde e siga-o, e você mesmo verá a diferença em seu trabalho. Além disso, uma boa noite de sono (6-8 horas, não mais, não menos) também é crucial para alcançar e manter a saúde. Lembre-se de que não há muito que uma pessoa doente

possa alcançar. Exercite-se diariamente - mesmo se for por 5 minutos!

Mantenha a limpeza!

Uma ótima maneira de se sentir renovado, evitar a procrastinação e permanecer mentalmente ativo é manter todo o seu ambiente arrumado e limpo. Este é um traço mental da psicologia humana que ama e aprecia a limpeza e se sente desconfortável com bagunça, sujeira, etc. Quanto mais você organiza o ambiente - seu quarto, local de trabalho, roupas, perfumes, etc., mais você se sentirá bem consigo mesmo e mais você se sentirá confiante em tentar coisas novas, elevando seus objetivos e vivendo a vida que deveria estar vivendo!

Ame seu trabalho!

Finalmente, uma ótima maneira de permanecer motivado para o trabalho (o que é mais importante para eliminar a procrastinação e produzir uma gestão de tempo eficiente) é escolher o trabalho que você ama. Se você é apaixonado pelo que faz, pelos objetivos que estabeleceu para si mesmo, também vai amar lutar por eles.

Entretanto, se você estiver insatisfeito com seus objetivos, ou se você não tiver nenhum objetivo, você se tornará como água estagnada, esperando que as algas criem estragos lá dentro. Escolha o que você ama e nãoo que é certo, reconheça o valor nisso e não deixe pedra sobre pedra para alcançá-lo. Isso por si só irá produzir em você tal impulso que inibidores como preguiça, procrastinação e letargia quase nunca serão capazes de superar você...

"Não há paixão em estar jogando pequeno - em se contentar com uma vida que é menor do que aquela que você é capaz de viver." ~Nelson Mandela

Confira meu outro livro desta série:

Leitura Rápida: Poupe Tempo, leia de 3 a 5 vezes mais rápido

Citações

- S.Krause, Jeffrey *"Efficient Time Management"* Lawtopia LLC.
- Student Guide Service – The University of Manchester *"Effective Time Management and Avoiding Procrastination"*
- McGuinness, Mark *"Time Management for Creative People"* (www.businessdesignonline.com)
- Team FME *"Using Productivity Tools – Productivity Skills"*
- Langlois LICSW, Mike *"Technology and Time Management: Some Simple Tips"*
- Abbasi, Ibn Al-Hassan, *"Mata'eWaqtAurKarwan-e-Ilm"* (Time and the Caravan of Knowledge)

- http://gamertherapist.com/blog/category/gamer-therapy/ June 2, 2012 Web. Dec 31, 2014
- LifeDev *"Time Management Software"* http://lifedev.netTips Web. December 31, 2014
- Cookson, Chase *"3 Tips on How to Use Technology to Improve Time Management Skills"* http://blog.grantham.edu May 29, 2013 Web. December 31, 2014
- Sheeba, Jane *"6 Ways Technology can Help you to Manage Time"*www.janesheeba.com December 6, 2013 Web. December 31, 2014

Conclusão

Obrigado mais uma vez por baixar este livro!

Espero que este livro tenha sido capaz de ajudá-lo a perceber o valor do tempo e dar a você uma valiosa fonte de alimento e planos para a ação, no que diz respeito a administrar seu tempo e ter uma vida mais saudável e produtiva.

www.ingramcontent.com/pod-product-compliance
Lightning Source LLC
Chambersburg PA
CBHW071904070526
44583CB00016B/1842